아내의 시

마이노리티시선 39

아내의 시

지은이 오진엽

펴낸이 조정환
책임운영 신은주
편집부 김정연·오정민

펴낸곳 도서출판 갈무리 등록일 1994. 3. 3. 등록번호 제17-0161호
인쇄 2013년 6월 26일 발행 2013년 7월 7일
종이 화인페이퍼 인쇄 중앙피앤엘 제본 일진제책

주소 서울 마포구 서교동 375-13호 성지빌딩 101호
전화 02-325-1485 팩스 02-325-1407
website http://galmuri.co.kr e-mail galmuri@galmuri.co.kr

ISBN 978-89-6195-069-5 04810 / 978-89-86114-26-3 (세트)

값 7,000원

이 도서의 국립중앙도서관 출판시도서목록(CIP)은 서지정보유통지원시스템 홈페이지(http://seoji.nl.go.kr)와 국가자료공동목록시스템(http://www.nl.go.kr/kolisnet)에서 이용하실 수 있습니다. (CIP제어번호 : CIP2013008380)

아내의 시

오진엽 시집

갈무리

차례

1부
못

011 못

012 멸치

013 맞벌이 부부

014 급식빵

016 아내의 시

017 겨울연가를 보며

018 아침풍경

019 소풍가는 날

020 형

022 석양

024 희생번트

025 사진첩을 보며

026 빵점

027 개명

028 아내의 옷 벗는 소리가 무섭다

봉천동 셋방시절 029
벌레 030
우렁각시 032
강아지 033
1등 034
국어시험 035
일기예보 036
흰머리 037
홍시 038

2부
땡감

땡감 043
계약직 044
거미 045
정리해고 046

047　신자유주의

048　나무

049　주걱

050　늙은 말

051　영등포 인력시장에서

052　백업포수

054　8번 타자

056　야구공이야기

057　해고문자

058　귀가

060　창살

061　파업전야

062　멀미

064　철도원 부부

066　선로반 김반장

068　철도원 아내의 기도

070　구절리아리랑

옛이야기1 071

옛이야기2 072

옛이야기3 073

옛이야기4 074

3부
목련

목련 077

매운탕 078

고무신 079

새벽안개 080

능청 081

저녁연기 082

소나기 083

산1번지 붕어빵 아저씨 084

홍수 086

087 왜가리

088 팔월

089 핑계

090 무당거미

091 가을아침

092 첫눈

093 겨울해

094 고드름

095 고물상 앞에서

096 선로원

097 하늘을 나는 기차

098 1호선 떠돌이 배우

100 늦은밤 용산철교에서

101 철길

103 발문·날마다 시가 되는 8번 타자의 꿈 / 이한주

110 시인의 말·아내의 詩

1부
못

못
멸치
맞벌이 부부
급식빵
아내의 시
겨울연가를 보며
아침풍경
소풍가는 날
형
석양
희생번트
사진첩을 보며
빵점
개명
아내의 옷 벗는 소리가 무섭다
봉천동 셋방시절
벌레
우렁각시
강아지
1등
국어시험
일기예보
흰머리
홍시

못

정수리 불똥 튈 때마다
훌쩍,
튕겨나가고픈 맘
꾹꾹 박아 넣고

평생 덜미를 붙잡힌 채
궂은 못질
쩡쩡 견디던 그가
허리를 못 쓰고
시골집 아랫목에
꾸부정 박혀 있다

그를 뵙고 오는 길
가슴에 대못 하나
아프게 박혔다

멸치

밀봉된 작은 상자가 열리자
집단 매장된 은빛수의들
아직 눈부시다

아내가 똑 부러지게
똑! 똑!
머리를 잘라내고
배를 가르고

한날한시에 몰살되어
삼족이 다 멸하였을 것들
까닭 없이
부관참시 당하고 있다

이승에서 못 다한 유영
저들 뼈에 사무칠라
아내가
꼬리지느러미는 남겨주었다

맞벌이 부부

다음날 노동을 생각하며
끄응 돌아눕는 게 익숙한
결혼 10년차 맞벌이

어쩌다 마음 동해서
아내를 부추기는데
아내 몸은 빨간 공휴일

그냥 서로 꼭 보듬고
무안해서
미안해서
꼬박 지새우는 밤

급식빵

초등학교 2학년 시절
빵 급식 허락하면서
새엄마가 내준 숙제는
배다른 동생에게
빵 절반 남겨오는 것

구구단보다 어려운 숙제
한입 한입 풀어내면서
어려운 시험지 받아든 것처럼
끙끙거리다
친엄마에 대한 공복감으로
집으로 오는 길은 언제나
허기에 시달리고

2학년 내내
구구단은 틀려도
그 어려운 숙제
한 번도 틀리지 않고 풀어내면서
팔팔이 육십사 구구 팔십일과 함께

절반의 급식 빵은
3학년까지 이어졌다

아내의 시

잠든 머리맡
쓰다만 공책에
은유법 하나 없는
아내의 시

콩나물 800원
두부 한모 500원
마지막 연에
두줄로 지운
파마 35000원

뒤척뒤척
아내는 꿈속에서도
끙끙
시를 쓰나보다

겨울연가를 보며

세월이 흐른 지금도
사뭇 아쉬운
첫사랑
가슴에 시 한줄
스며들 때

드라마에 젖은 아내
하염없이 줄줄

예쁜 저 감성
상처받을까
갈무리 못하는
아까운 시 한줄

아침풍경

밀린 육성회비 고지서 들고
어깃장 부리던 날

어머니 부지깽이 장단에
아버지 지게작대기가 춤추고

차라리 애미를 내다팔라는
공갈에

어머니라도 내다팔고 싶었던
등굣길

소풍가는 날

김밥 못 싸
빈 배낭에 신문쪼가리 넣고
소풍가는 날

호주머니에 쩔렁 동전 두 개
뻔질나게 살피다
큰맘 먹고 껌 한통과 바꾸어
입 안 가득 몰아넣고

종일 군것질하는양
오물오물거리며
어린 자존심 지키던 소풍길

형

밤마다 엄마 품 그리워 파고드는 동생을
다섯 살 터울지기 형은
옛날이야기로 토닥거려주었고
나는 형의 바지춤 속
말랑말랑한 붕알을 만지면서
엄마 젖무덤이라 생각했었다

술 취한 아버지가
집나간 엄마 물건 정리할 때
우리엄마 돌아오면 신어야 한다고
아버지 발길질에도
고무신 두 짝을 움켜쥐며
내놓지 않았던 형

꼭꼭 숨겨놓은 고무신 꺼내어
엄마냄새 맡아보게 하더니
집 앞 개울가에 띄워 보내며
이제 엄마는 잊어라 하고
울먹이는 동생 앞에서

의젓했던 코흘리개 우리 형

석양

덜컥
서울대학에
붙어버린 큰형

누렁이 끌고
우시장 가신 아버지는
저물도록 오지 않고

어머니 성화에
읍내 대포집에서
아버지 모시고 오는
지문 길

불콰한 노을
아버지가
뉘엿뉘엿

저만치
달처럼

마중 나오시는
어머니

희생번트

여보란듯
담장을 넘기고 싶어도
한방이 없으니
죽고 사는 건
언제나 간발의 차이
번트라도 대고
앞만 보고 달려야 했다

아버지
그렇게
우리를 먹여 살렸다

사진첩을 보며

마흔도 안 되어
바람 빠진 자전거 마냥
사진 속 아이들에
기대어 있는 우리

권태라는 작두에 올라선
엄마아빠 붙잡아 주려는

사진마다
웃음 가득한 아이들

빵점

새벽 출근 핑계 각방 살이
만성간염 피곤을 달고 살다보니
빳빳하게 새벽잠을 깨우던 거시기가
태업을 일삼고
아내의 그날이 언제더라
암구호 까먹은지 오래

일하다 다쳐 받아든 4주 진단서
뒹굴뒹굴 때 아닌 호사에
오랜만에 아내 곁에 누웠다
결혼 11호봉차 아직도 아내는 곱기만 한데
다친 등허리가 먼저 끄응!
뻗쳐오른다

개명

작명가 말하길
이름을 바꾸지 않으면
쉰다섯에 송사에 휘말려
오년간 시달림 당한다는데
그래도 기분이 좋았다

만성간질환으로
육개월마다 복부초음파 숙제검사
언제 퇴짜 맞을지 몰라
참새처럼 볼았던 가슴

그이 말대로라면
적어도 환갑까지는
단명 걱정 안 해도 좋을 팔자

이렇게 좋은 이름 누가 바꾸랴

아내의 옷 벗는 소리가 무섭다

밤이면
얼룩진 천장
찍찍 우당탕
서선생 사랑 놀음
잠 설치던 시절
타임머신 타고 돌아온 듯

새로 이사 온 위층 신혼부부
밤이면 밤마다
후두둑
한바탕 욕실 물소리
이젠,
아내의 옷 벗는 소리가 무섭다

봉천동 셋방시절

하나님과 이웃하며 살던 그해 겨울
두 살 아래 주인집 아들 망태와
놀다가 틀어진 나는
마당에 선을 긋고
변소깐 끼고 있는 우리집 쪽으로
넘어오지 말라며 어깃장을 부렸다
망태녀석 빙충맞게
옷에 오줌지리는 바람에
밤늦게 공장에서 돌아온 어머니
망태 옷을 대신 빨며 용서를 빌었다
주인집으로 울음 새어나가지 못하게
직수굿이 회초리 맞으며
속울음 삼켜야 했던 코흘리개 대신
애꿎은 문풍지
밤새 저 혼자 울었다

벌레

지방대 장학금 마다하고 떼쓴 끝에
큰아버지 등록금 마련으로
바라던 서울대에 입학했다
벽돌공 아버지 일당으로는
서울살이 맨발에 작두날 타기였을 터
수재들만 모인 그곳에서 형은
동아줄 잡듯 4년 동안 장학금을 놓치지 않았다

고생하는 늬 애비를 생각해서라도
질때로 데모는 안 된다 알았제 승현아

집안 어른들 말씀 거스르지 않고
단 한번에 고시를 패스했던 형
큰아버지가 내주신 등록금은
하숙집과 학교와 도서관 반경을
벗어나지 못하게 한 튼실한 고삐였다

내 백과사전이었으며
어린 내게 정의를 설교하고

비판적 사고를 키워주었던 형
또래들이 세상에 맞서 짱돌을 던지고
써클룸에서 돼지껍데기로
최루탄 찌꺼기를 씻어낼 때
최루탄보다 더 따가운 핏발선 눈총을 뚫고
도서관에 앉아 책만 뜯어먹어야 했던 벌레
한번쯤은 호기롭게 던져 봤을 그 흔한
꽃병 한번 쥐지 못하고 80년대를 관통했을
우리 형

우렁각시

잠결에 바스락 바스락
문틈으로 내다보니
이른 아침부터
낑낑 -
쓰레기봉투 머리끄댕이 잡고
씨름을 한다

저 쓰레기봉투 금방이라도
목 졸려 질식할 것만 같은데
테이프로 꽁꽁 입막음까지

아내의 손끝에서 벌어지는
신통한 저 요술로
오늘도 내 노동이 빛나는구나
그래
내가 이만큼 사는구나

강아지

미운 세살
솔찬이 녀석

오늘은 외할머니 틀니를
변기통에 넣고선
뚤래뚤래

합죽이가 되신 장모님
그저 말썽도 재롱이라며
어이구 강아지 우리강아지야

애 버릇없어질까 괜한 걱정
속 좁은 내가
컹! 컹!
짖습니다

1등

큰아이
솔아가 또 상장을 타왔다
작은아이에게
너는 이제껏 일등 한번 해봤냐고
약을 올리자
한참을 생각하더니
아빠 씨앗주머니에서
엄마 밭으로
내가 일등으로 달려서
태어났다고
자기도 일등 한적 있다고
되받아치는 솔찬이 녀석

말대답도 일등

국어시험

솔찬이 녀석
바둑이 소리 나는 대로 쓰라는
국어시험지에 멍멍이라고 썼다
담임선생님이 동그라미를
크게 그려주었다

일기예보

이른 아침마다
출근하는 엄마 손 잡고
어린이집 가야 하는 솔아

저녁 일기예보시간
내일 아침
안개 조심하라는 말에
아빠! 안개가 뭐야
마땅한 답 못하고
뭉기적거리는데

그건, 늦잠꾸러기 아침 눈꼽이란다
설거지하던 아내의
활짝 개인 목소리

흰머리

여덟 살 솔아가
뽑아주는 새치
손바닥 위로
소복소복

하나 둘 세다가
한숨 흘리는데

아빠! 신경 쓰지 마
그래도 검은머리가 더 많구만

아빠 한숨 주워 담는
의젓한 생각주머니

새치만 는 게 아니었구나

홍시

돈놀이 하던 어머니
다섯 살 막내둥이
내 손을 차마 떨치고
봇짐을 싸던 밤
삼례역 기차소리는
내 울음을 삼키고 멀어져 갔다

조금만 놀고 있으면
과자를 사오겠다던 아버지
구름 속눈썹 깜박거리던
달빛마저 잠들 무렵에야
상기된 채 귀한 크래커
두 봉지나 사들고 오셨다
막걸리에 절어
시큼한 서글픔 배어나오는
아버지 품에서
삼례역 기차소리는
어머니의 자장가였다

그해 늦가을
젊은 새엄마 들인 안방에선
깔깔 웃음소리
뒤집어 쓴 이불너머
머얼리 기차소리가
어린가슴에
밤새 그리움 실어 나르던 밤
마당에선
십일월 끝자락을 움켜쥐고
달랑거리던 홍시 하나
퍽!
참았던 울음을 터뜨렸다

2부

땡감

땡감
계약직
거미
정리해고
신자유주의
나무
주걱
늙은 말
영등포 인력시장에서
백업포수
8번 타자
야구공이야기
해고문자
귀가
창살
파업전야
멀미
철도원 부부
선로반 김반장
철도원 아내의 기도
구절리아리랑
옛이야기1
옛이야기2
옛이야기3
옛이야기4

땡감

아득한 허공 등지고
버텨온 고공농성
우악스런 장대갈고리에
멱살 잡히면서
명주실 포승줄에 엮여
처마기둥 아래
대롱대롱
발가벗겨졌다
빨갛게 타들어가는 몸뚱이
시커멓게 말라비틀어지고
단내가 나고
소금꽃 피어나도
가슴속 간직한 씨앗
끝내 발설하지 않고
전향을 거부한 나는
아직 감이다
성을 바꾸어
곶감이라 불리어도
내 이름은 감 이다

계약직

유통기간 지난 우유
버리지 못하고
훌훌
빈 껍데기는 재활용 통에

내일이면
유통기간 다 되어
버려질 내가
재활용 되는 우유팩
부러워지는 오늘

나는
재활용 되고 싶다

거미
— 어느 페인트공의 노래

오늘도
간밤에 벗어놓은 허물
다시 걸치고

고층아파트
한가닥 줄에
대롱대롱
거미가 된다

그래야
입에 거미줄 안치고
우리 가족 대롱대롱
또 하루를 산다

정리해고

횟집 수족관
광어들

주인아저씨
허연 배때기 내보이며
백기투항하는 놈 먼저
탁! 살을 바른다

납작 엎드린 놈은
다음 차례

유영을 멈추지 않고
파닥파닥 몸을 튕기며
푸른바다 꿈꾸는 광어는

살 아 있 다

신자유주의

아등바등 가지 끝
발버둥 치던 홍시
세상의 끈을 놓는다
퍽-

또 한사람

나무

종일 한자리
서있어야 하는 나무들
감시 톱날에
잘려나갈까 걱정

단비 같은 퇴근 기다리며
좁은 계산대 사이로
심겨진 나무들

오늘도
햇살대신
모니터만 부시게 바라보다
밑둥에 서럽게 옹이 배긴
E마트 나무들

주걱

한눈팔지 않고
밥만 펐다

등골이 휘고
조막손 되도록

눌러 붙은
밥풀 몇 알갱이

그게
내 몫이거늘

늙은 말

성큼성큼 자라나는 새끼들은
채찍보다 무섭고
때론 헛헛한 구유 앞에
고개 수그리며
기꺼이 나를 낮추게 하는
고삐다

내 등뼈는 날로 굽어 가는데
미끈한 젊은 날
실팍한 발굽을 가지고서도
세상을 향해 뒷발질 한번 못하고
애오라지 정해진 走路를
절룩절룩
나는 달려야 한다

영등포 인력시장에서

가압류 딱지보다 서러운
큰 아이 유치원비 독촉에
새벽 인력시장
헐값으로 옹송거리다
어김없이 재고품으로
반품처리 되어 오는 길

전봇대에 반쯤 찢겨진
구인광고 바라보다
담벼락에 주저앉아
온 종일 펄럭 펄럭

백업포수

변화구 사인에
당돌하게 고개를 젓고
직구 사인을 요구하는
큰돈을 받고 들어온 젊은 에이스
저 패기가 부럽다
신고 선수로 들어온 백업포수가
18.44미터 거리를 두고 바라보는 마운드
수십 배 연봉 차이만큼
아득히 멀고
높다
흠씬 두들겨 맞은 에이스 대신
잘못된 볼 배합 누명을 쓰고
먼저 교체당할 때까지
제구가 잘못된 폭투도
온몸을 다해 막지 못하면 내 탓
벤치의 눈치를 살펴야 하는 불안정한 삶은
직선으로 꽂히는 안정된 직구의 궤적보다
스트라이크존을 벗어나
뚝 떨어지는 낙차 큰

커브와 통한다

8번 타자

라인업에 이름을 올린 것만으로
나는 감사하고
원아웃 1루
보내기 번트 창피하지 않다
3타수 무안타 마지막 타석
9회말 원아웃 만루
한방이면 역전이다
원쓰리 배팅찬스
치고 싶다 그러나
나는 못미더운 8번 타자
기다리라는 벤치 싸인
죽어노 혼자 죽어야 하리
동반자살은 용서가 안 된다
딱!
환호하는 관중들
정통으로 맞았다
복 · 숭 · 아 · 뼈
1루로 뛰쳐나가라
절뚝이지 말고

그래야 내일이 보장되는
나는야 비정규직
8번 타자다

야구공이야기

한방에 역전되는 저 포물선
왜 부럽지 않겠어
순해빠진 둥근 몸뚱이 하나로
이리 치이고 저리 치이고
떼굴떼굴 굴러먹을지라도
오래도록 야구장에 남고 싶은
그 작은 꿈마저 빗맞아
야구장 밖으로 아웃되는 게
익숙한 내 운명인 걸

홈런볼 아닌 파울볼이라고
내동댕이치지 마
안 그래도 **빨간 실밥자국**
설움으로
툭!
터질 것만 같아

해고문자

빛보다 빠르게
머리를 겨냥하며
날아 오는
빈볼

귀가

집을 나가서
정해진 순서대로
1루 2루 3루 거쳐
집으로 돌아와야만 된다

2루쯤에서
올망졸망 아이들 떠올리며
입을 앙다물지만
3루는커녕
구조조정 견제구에
비명횡사 할까봐
바짝 엎드리면서 내민 손
배냇 아이처럼 2루베이스
꽉 움켜쥐고

대학졸업 십년 만에 막내동생
겨우 1루에 다다랐지만
언제 대주자로 바뀔지 몰라
전전 긍긍

옆집 혜원이 아빠
타석에 들어서기만을 기다리는
쭈빗쭈빗 대타인생

아이들과 아내의 응원이
서럽지 않도록
우리 모두의 아버지는
1루 2루 3루 돌아
집으로 돌아와야 하는데

창살

지린내 나는 먹방
친친 감긴 몸뚱이
뒹굴뒹굴
얼레가 되어도
먹빛 하늘에
날지 못하는
열십자 방패연 하나

파업전야
— 사랑하는 솔아 솔찬이에게

솔직히 애비는 두렵다
투쟁조끼 입으며
구조조정 피할 수 있는
방탄조끼였으면 한다

100여년전 동학군 부적 품듯
파업수첩 가슴에 품고
파업배낭 꾸리는 오늘밤을
너희들에게 물려주고 싶지 않은
애비의 품앗이로 기억 하렴

멀미
― KTX승무원 투쟁에 부쳐

시속 300키로가 넘는
고속열차에서
뭍으로 떠밀려온 지 오륙 년

흔들거리는 객실에서
아무렇지 않던 우리가
꿈쩍 않는 세상 앞에서
멀미를 한다

그래도
토닥토닥거려줄 것은
이놈의 세상이라
새우잠 자고
도시락 까먹으며
비정규직 차별
울렁울렁 토하는 것이다

아뜩한 멀미
오륙 년이 넘도록 버티고 있음은

딸자식 걱정 눈물바람
우리도 엄마가 되어
이 세상 살아야 하기에

철도원 부부

곤히 잠든 젖먹이를 깨우면
부스스 눈 비비며 방긋 웃는 모습
애써 눈 맞추는
엄마마음 칙칙
아빠마음 폭폭

엄마 아빠처럼 24시간 맞교대
익숙해질만도 한데
여섯 살 딸내미
그렁그렁한 눈망울 외면한 채 돌아서는
엄마마음 칙칙
아빠마음 폭폭

철야에 쏟아지는 졸음 사이로
낡은 연립 방 두 칸
낯선 틈바구니
뒤척이는 아이들 모습 떠올리면
야간열차도 엄마아빠 마음 아는지
칙칙 폭폭

내일은 낮잠 자지 말고
놀아주마 다짐하지만
새벽열차 밭은 기침소리에 깨어난
충혈된 눈동자
퇴근하면 어김없이 칙칙 폭폭
코를 고는
우리는 24시간 맞교대
대한민국 철도원

내일이면 또다시
덜컹거리는 몸을 이끌고
칙칙 폭폭

선로반 김반장

사고로 다친 다리
절뚝거리며
상머슴 쌀지게 메듯
곡괭이 다부지게 메고
이제는 2인 1조가 아닌
홀로 선로 순회 나서는 김반장

선로원 30년
입사동기 다섯 명 중
믿었던 열차에 셋을 빼앗기고
남은 동기마저
사고 후유증으로
정신을 놓았다는 김반장

가쁜 곡괭이질에
침목 사이 자갈
파편이 되어
어깨위로 떨어지고
팔월의 화염방사기에

그림자만 검게
끄슬린 채 나가떨어진다

탱크처럼
순식간에 덮쳐오는 열차
빠아앙 경고사격에
마무리 곡괭이질 야무지게 하고
참호 속 병사처럼
좁은 선로에 웅크린
그는 전역을 앞둔 역전의 용사

사고보다 더 무서운
구조조정에 시달리는
여섯 살, 두 살배기를 둔
서른여섯 철도원은
끝내 살아서 이곳을 떠날
김반장이 부럽다

철도원 아내의 기도

아슬아슬 열차에 매달리며
사선을 넘나드는 작업 마치고
스물네시간 만에
살아 돌아온 당신

열차 바퀴에 물린
당신 발등의 흉터처럼
기름에 절은 작업복
두번 세번 손빨래에도
지워지지 않습니다

어젯밤도
어린 남매 남겨두고
신호기 고치던 동료
열차에 치여 순직하였다며
엊그제 떼어놓은
검은 리본 챙기더니
꿈속에서까지 열차와 씨름하는지
가위눌리며 뒤척입니다

어쩌다 당신이
전화를 받지 않거나
한밤에 보채는
전화기 울음에
가슴 졸이는 나날이지만
일년에 서른 명 가까이
순직하는 일터마저
감원으로 시달리는
당신 마음에 비할 수 있나요

오늘도 작업복
갑옷처럼 소중히 챙기며
간절한 기도
검은 리본 휘날리는 아빠 일터에
평화만 가득하길

구절리아리랑
— 사라지는 간이역에서

5일장 손꼽던
우리 엄니 광주리에
곰팡이 피면
엄니 얼굴
저승꽃 늘어난다
철갑 지네야
철갑 지네야
빠르지 않아도 좋으니
더디 가더라도
우리 엄니 실어주소

우리 엄니 떼어놓고
정선 아리랑고개 넘어가면
철갑 지네야
철갑 지네야
철커덕 철커덕
관절 앓다
십리도 못 가서 발병 난다

옛이야기 1
— 장모님

 긍께 앞집 아가 뒷집 아를 죽창으로 찔르고 산돼지처럼 산죽 바태 숨어 있다가 토벌대로 나선 옆집 아 총창에 주거꼬 그 아는 또 아랫집 아에게 … 태를 무든 고향땅 버서날 수 업승게 포한이 이써도 어쩐당가 다 지나간 일인디 내남없이 새끼 일코 가심한귀석 똬리 튼 옹이 하나썩 달고 사는 처지라꼬 척진 것 이저삐리고 되려 끈끈한 정으로 품아씨 층하두지 안코 이땟것 살아왔다네

옛이야기2
— 아버지

여긔는 한날한시에 차례상 장만허니라고 집집마다 굴뚝연기가 피어오른단다 오늘이 그날인디 쩌어기 백련산 동굴 거긔서 입산자 가족들이 어린꼬맹이들을 품에 안꼬 모다 생매장 되었딴다 열을 셀 동안 나오질 안차 굴 안으로 생솔가지를 핑겨 너었따드라 그날 밤 산사람들 헌티 끌려 나간 늬 할머니는 반동으로 내몰려 당산나무에서 돌에 마자 돌아가셨지. 거시기 다 지나간 이야기 아니긋냐

옛이야기 3
— 교련선생님

 허구헌날 뺏고 뺏느라고 증말 골짝마다 핏물이 질퍽거리질 안컷냐 한번은 밤을 새다시피 혀가믄서 고지를 빼섯는디 주거자빠진 전우들 봉께로 눈에 핏발이 서가꼬 낭중에는 뵈는 게 업더라. 늬들맹키로 열여나믄살이나 머근 포로 하나를 신병들 담녁 키운다고 총창 꼬나쥐고 불러냉께 눈깔이 똥글똥글 해가꼬 발발 떨고 섯드랑께 근디 내가 시범을 보이다 미끄러지믄서 총창이 갸 허벅지를 뚤꼬 피가 솟구치는디 참말로 기맥킨 게 설마즌 녀석이 비명 한 번 안질름서 차렷자세로 벌떡 일어서더랑께 그담은 어떠케 된냐고? 머시냐 …

옛이야기4
— 인철이 아저씨

    한번은 작전 나가서 봤던 삼삼한 꽁까이 생각이 나드랑께 그래가꼬 동기랑 허천배기 걸린 호랭이처럼 민가로 내려갓제 허기사 우리부대가 맹호엿승게 외딴집에 강께 절믄 남녀가 한창 꼴부텀 잇질 안컷냐 히히 고것들 띠어노꼬 동기녀석 먼저 허리춤 풀게 허고 나는 삐쩍 마른 남자를 총부리로 살살 달래가꼬 야자수 아래 뒤돌아 안쳐노꼬 노끈으로 모가지를 각 졸라 맷제 그래야 나중에 뒤끄시 업승게 말여 글고나서 긴장혓는가 허망하게 내 차례가 끈낫는디 내 물총 마즌 꽁까이년이 살려달라고 손짓발짓 허드랑께 아랏다고 달래노꼬 나옹께 그동안 사주경계 서던 동기노미 알아서 노끈 하나들고 여자 방으로 들어 가더라니까 니들 아냐 총알만 안마즈면 전쟁맹키로 재미진것또 읍따 햐~ 베트남서 물총강도질 헐때가 질 조아섯는디 쩝

3부
목련

목련
매운탕
고무신
새벽안개
능청
저녁연기
소나기
산1번지 붕어빵 아저씨
홍수
왜가리
팔월
핑계
무당거미
가을아침
첫눈
겨울해
고드름
고물상 앞에서
선로원
하늘을 나는 기차
1호선 떠돌이 배우
늦은밤 용산철교에서
철길

목련

착 달라붙는
바지를 벗고
오늘은
그녀가
통치마를 입고 나왔다

꽃샘바람
얄궂은 손길
홀렁 홀렁

나도
저
치마속이 궁금하다

매운탕

냇가 여울목 그물 쳐놓고
찰방찰방 고기를 몬다
아직 숨이 붙어 헐떡거리는 것들을
산채로 속창시를 슒아
고춧가루 알맞게 넣고 끓여
젓가락으로 살을 헤치고
쪽쪽 발라먹다
딱,
마주쳤다
부력을 잃고 얼큰한 국물에 잠긴
부릅뜬 눈동자
죽어서도 눈을 감지 못한 너는
살겠다고 살고 싶다고
내 손아귀에서 미끈
진저리쳤을 녀석이려니
나는,
젓가락을 내려놓았다

고무신

섬돌에
짝 잃은 고무신
발랑 드러누워 떼쓰다
엿장수 가위에 징집되고

집나간 짝
바둑이와 새살림 차렸다

새벽안개

출렁출렁
예배당 종소리 그네타면
자울거리던 새벽안개
동트는 햇살 그러모아
얼굴 헹구더니
어느새
말쑥한 아침

능청

빈집에
말라죽은 나무 한 그루

가지위에 둥지 하나

하루 다르게 여물어 가더니
깍깍 깍깍
터져 나오는 어린 열매들

저 나무
살아있었구나

저녁연기

보릿고개 넘는
어머니 한숨
꼬불꼬불 방고래 지나
굴뚝으로 피어올라
우리누이 쌀 꾸러 가듯
쭈빗쭈빗
뒷집 광호형네 담 타고
넘어갑니다

소나기

저기압 아내가
설거지하듯
투두둑!
툭툭!
거리를 헹구는
한바탕 설거지

산1번지 붕어빵 아저씨

얕은 물가만 맴도는 송사리 같이
세상 낮은 곳 맴돌아 풀칠하는
산1번지 사람들에게

천원에
탱탱 살 오른 붕어 8마리
덤으로 한마리 더
겨우내
<u>호호</u>
건져 올려주던 그이는

햇살이 투망처럼 펼쳐지고 있는
이 여름 한철을
어디서 나고 있을까

길 건너 주황색 차일막
그이의 작은 어장이
한여름 땡볕아래
밧줄로

꽁꽁
얼어있다

홍수

쩍쩍 갈라터진 기갈 든 논에
도랑물 퍼 올리다 말고
주전자 주둥이 찾아
고개 꺾어지도록
벌컥벌컥 물배를 채우니
천갈래 만갈래
바짝 타들어가는
가물진 아버지 뱃속에
배 띄우겠다
어 어 저러다
목울대 넘실넘실
큰물 지것다

왜가리

일손이 딸려
모만 심어놓고
돌보지 못하는 들녘
뙤약볕 아래

논고랑 사이사이 오가며
제 논같이 돌보는
저어기 잿빛 잠방이 걸친 아재
시원한 막걸리 한통
받아주고 싶다

팔월

햇살 머금어
곡식 여물게 하려면
장마 끝
하루하루가 아쉽겠구나

늬맘 알겠다

왜 구월에게
하루를 꿔왔는지

핑계

아내를 옆에 두고도
꿈자리에서
또
옛사랑을 만났다

베갯머리에
풀벌레소리
차곡차곡 쌓이는

가을
가을이다

무당거미

어스름녘 처마 밑
좌판 차려놓고
끈적끈적 풀어내는
감언이설에
어리보기 잠자리 한 마리
걸려들었다
출렁~

가을아침

며칠째
서성거리던 가을비
물러나고

달님 별님
구름조각 뜯어
반질반질 닦아놓은
파란 하늘마루

미끄럼 타는
가을햇살

첫눈

처음 받아본 연애편지처럼
하얗게 펼쳐진 겨울아침
감나무 아래
오순도순
장독대 항아리가
밤새 풀어놓은 이야기보따리
누가 엿들었을까
작은 발자국 하나

홍시 입술 훔치던
까치 한마리
어머니 장독 여는 소리에
제발저린듯
푸드득

겨울해

언제 살아 있었나 싶게
서산마루 자리보전하고 누웠다

덧없는 미련
노루꼬리 잡고 앙버티다

늬기적 늬기적 넘어가는
저 꽃상여

고드름

따사로운 햇살에 녹아
영글어 맺힌 사연이
다들 어쩌길래
여기저기 감탄하는
처마 끝
느낌표들

고물상 앞에서

찌그러진 페트병
쭈글쭈글 할머니
돋보기안경 더듬이로
훑어온 고물

저울 눈금 따라
할머니 이마 모래톱
썰물이 되고 밀물이 되어
오천원에 재생되는
할머니의 하루

애닳아 있을 손주 녀석
군것질 사들고 가는 오늘
할머니 주름살 물때는
밀물이다

선로원

레일 사이에
가로 걸쳐져 있는 침목은
아득한 사다리

하루에도 몇 번씩
그 사다리 타고 오르내리는
순례자들

하늘을 나는 기차

천국행 열차표나 되는 양
보통이 깊이
황송하게 표를 받아 넣던 할머니

― 첫차가 여그서 은제 뜬대요
― 글먼 영등포는 은제쯤 떨어진대요

하루 세 번 기차가 서는
시골 간이역에선
기차가 하늘을 난다

1호선 떠돌이 배우

노량진에서 올라탄 그가
고혈압에 딱이라며
약 선전으로 달아오른 얼굴
혈압으로 쓰러질 듯
기우뚱기우뚱

따분한 하품들
야유처럼 쏟아져도
혼신의 마무리 연기
막 절정으로 치닫는데
고구마 줄기 뽑히듯 줄줄
신도림역 환승방송에
1인극이 마임으로 바뀌고

배우보다
관객들 먼저 퇴장해도
절찬리에 매진될
다음 무대 꿈꾸며
오늘도 그가

구로역 4번 홈에서
캐스팅을 기다린다

늦은밤 용산철교에서

용산철교 종아리 걷어붙인
한강 옆구리에
앞 다투어 좌대 펼쳐놓은
키다리 아파트들
불빛 길게 드리우며
별 낚는 재미에
잠들 줄 모르고

의정부행 마지막 열차
들춰 업은 용산철교
찌릉 찌르릉
허리 부대끼는 소리에
다리 밑에 숨어있던
별무리
송사리 떼처럼 흩어진다

철길

가는 두 가닥으로
육중한 철마 무동 태우고도
거뜬한 것은

굳게 깍지 낀
침목의
힘

발문

날마다 시가 되는 8번 타자의 꿈

이한주 (시인)

　그가 역곡역 앞에 살 때니까 벌써 10여 년 전 일이다. 직장 동료였던 그의 집에 간 적이 있는데, 그가 굳이 내 손을 잡아 이끈 곳은 고등학교 문예반에서 솜씨 부린 듯한 시화전 판넬 앞이었다. 철길 자갈밭에 졸시들을 흘리고 다닐 때다 보니, "나도 시 좀 쓴다"고 이야기하고 싶었는지도 모르겠다.

　내가 미처 몰랐을 뿐이지 구로열차사무소로 전근 오기 전 여객열차 차장으로 일하면서 그는 꾸준히 시를 쓰고 있었다. 보여주고도 싶고, 부끄럽기도 하고 해서 그는 오솔길이라는 익명으로 기차 안의 여백을 원고지 삼아 시를 써 왔다. 객차와 객차를 연결하는 바람막이 천막에는 어김없이 사람들의 손때가 묻은 그의 시가 있었다. 하지만 철도노동자 오진엽이 아닌 정체불명인 오솔길의 시는 예쁘게 보이고 싶어 살짝 들떠 있었을 뿐 오래 기억되지는 않았다.

시를 좋아한다면서 자신이 쓴 시를 보여주던 친구들이 간혹 있었는데, 그때마다 나는 "좋고요, 조금 더 쓰시면 시가 더 좋아지겠네요."라고 말하곤 했다. 안타깝게도 내게 시를 보여 줬던 친구들은 습작을 계속하기보다는 시를 여전히 좋아하는 좋은 독자로 남는 경우가 대부분이었다. 자신의 가장 소중한 존재나 가치를 부정할 수 있을 때 비로소 시가 시작된다고 믿는 나는, 그들이 그 문턱을 넘지 못하고 주춤주춤하는 것으로 보였다. 오진엽 역시 그럴 거라 생각했다. 하지만 어느 날부터인가 오진엽은 때론 아련하게 때론 의뭉스럽게 자신의 이야기를 하기 시작했다. 선뜻 꺼내기 힘든 이야기들을 풀어놓으면서 약간 들떠 있던 그의 시가 비로소 뿌리를 내리기 시작했다.

그 당시 김명환 시인도 구로열차사무소에서 같이 일하고 있었는데, 오진엽의 「철도원 부부」라는 시를 빨간 펜으로 흥건히 물들여 놓고는 "이러니까 시가 좀 되네"라는 말로 그의 잠재되어 있던 열정을 흔들어 깨웠다. 그때부터 그는 명환 형이 쉬는 시간일 때는 명환 형에게, 내가 눈에 띄면 또 나에게 "푸른바다 꿈꾸는 광어"처럼 "파닥파닥 몸을 튕기는"(「정리해고」) 시들을 쉼 없이 실어 날랐다.

그의 이야기는 늘 그 다음날 시가 되어 내 앞에 놓여 있었다.

거절을 잘 하지 못하는 나는 매번 후회를 하면서도 시도 때도 없이 건네주는 그의 습작들을 내려놓지 못했다. 감수성의 촉수가 어떻게 기지개를 펴고 또 얼마만큼 확장될 수 있는지를 날 것으로 볼 수 있는 기회를 뉘라서 마다할 수 있었을까.

   그는 열병을 앓듯이 시를 썼다. 1시간 30분짜리 청량리 한탕을 타고 오는 동안 뚝딱 시 한편을 만들어 왔다. 그의 작업실은 한 평 남짓한 전동차 운전실이었다. 오감을 활짝 열어 놓고, 말랑말랑 만져지던 "형의 바지춤 속"(「형」)과 "아내의 옷 벗는 소리"(「아내의 옷 벗는 소리가 무섭다」)와 "사진마다/ 웃음 가득한 아이들"(「사진첩을 보며」)이 살아 숨 쉬도록 그는 또박또박 숨을 불어넣어 주었다. 그런 그를 보면 까맣게 잊혀졌던 내가 보였다. 시에 대한 설렘으로 발갛게 달아오르던 내 젊은 날이 게으르기만 한 나를 꾸짖는 듯했다. 무뎌지던 열정과 감성을 흔들어 깨운 그는 기분 좋은 자극이었다. 전태일문학상을 수상하는 등 문학중년이 참 좋은 시인으로 진화하는 과정을 바로 옆에서 신비롭게 바라볼 수 있었던 것은 덤이었다.

   유통기간 지난 우유

   버리지 못하고

   훌훌

   빈 껍데기는 재활용 통에

내일이면

유통기간 다 되어

버려질 내가

재활용되는 우유팩

부러워지는 오늘

나는

재활용되고 싶다

—「계약직」(2005년 제14회 전태일문학상 수상작) 전문

  15년 전 처음 구로열차사무소에서 처음 만난 이후 오진엽 시인과는 여러 갈래에서 자주 만났다. 〈전태일기념사업회〉의 소식지와 〈철도노조〉의 노보를 함께 만들기도 했고, 매주 수요일마다 사회인 야구도 같이 하고 있다. 시를 쓰는 것은 내가 조금 앞에서 그를 기다렸다면, 야구를 하는 데 있어서는 그가 한참 앞에서 내 손을 잡아줬다.

  그는 17년 전부터 사회인 야구 주말리그 선수로 뛰고 있다. 24시간 맞교대를 하는 당시 철도의 노동조건에서 주말마다 야구를 한다는 것은 만용이었다. 그것도 모자라 그는 17년 동안 단 한 번도 경기에 빠지지 않고 있다.

  그러다 보니 그에게 야구는 세상을 보는 창이 되었다. 야구 그라운드에서 "번트라도 대고/ 앞만 보고 달려야 했"(「희생번트」)

던 아버지들을 이해하게 되고, 나이를 먹어가면서 "큰돈을 받고 들어온 젊은 에이스" 대신 먼저 교체를 당할(「백업포수」) 수밖에 없는 백업포수에 감정이입이 되기도 한다. 복숭아뼈에 정통으로 공을 맞고도 "절뚝이지 말고" 뛰쳐나가(「8번 타자」) "오래도록 야구장에 남고 싶은" 작은 꿈(「야구공이야기」)이 이루어지는 이 땅의 8번 타자들과 야구를 통해 연대하는 법도 배웠다.

집을 나가서
정해진 순서대로
1루 2루 3루 거쳐
집으로 돌아와야만 된다

2루쯤에서
올망졸망 아이들 떠올리며
입을 앙다물지만
3루는커녕
구조조정 견제구에
비명횡사 할까봐
바짝 엎드리면서 내민 손
배냇 아이처럼 2루베이스
꽉 움켜쥐고

대학졸업 십년 만에 막내동생

겨우 1루에 다다랐지만

언제 대주자로 바뀔지 몰라

전전 긍긍

옆집 혜원이 아빠

타석에 들어서기만을 기다리는

쭈빗쭈빗 대타인생

아이들과 아내의 응원이

서럽지 않도록

우리 모두의 아버지는

1루 2루 3루 돌아

집으로 돌아와야 하는데

―「귀가」 전문

철도랩터스의 1번 타자이자 유격수인 그는 이번 주 수요일에도 야구하러 갈 것이다. 안타가 아닌 땅볼을 치고도 그는 1루까지 전력질주를 하고, 무르팍이 까지는 것쯤 아랑곳하지 않고 슬라이딩도 마다하지 않을 것이다. 그렇게 야구를 하듯이 온몸으로 쓰는 그의 시는 목소리가 높지 않아도 울림이 크다. 노동의 가치를 깎아내리려는 자본의 변화구에 속지 않으려고 공을 끝까지 살피는 그의 시가, 오늘보다 내일이 더 기대되는 이유다.

날마다 시가 되는 8번 타자의 꿈을 가까이서 볼 수 있었던 사람은 나를 비롯한 몇몇의 운 좋은 사람들뿐이었다. 이제 오진엽 시인의 시를 더 많은 사람들과 함께 읽어 내려갈 수 있는 기회가 주어진 것이 무엇보다 반갑다.

시인의 말

아내의 詩

    다음날 노동을 생각하며 끄응 돌아눕는 게 익숙한 어느덧 결혼 15호봉 차. 아내는 시인이 되어갑니다.
    아까부터 무언가 끄적끄적 거리던 아내가 볼펜을 쥔 채 그대로 잠이 들었습니다.
    잠든 아내 머리맡에 쓰다만 공책을 가만히 펼쳐 봅니다. 거기엔 이렇게 적혀 있습니다. 콩나물 1,000원, 파 한 단에 3,000원, 아이들 교재비 35,000,원 남편 약값 120,000원 …… . 그리고 맨 마지막 줄에는 쓰다가 두 줄로 지운 파마 35,000원.
    두 줄로 지운 꾹꾹 눌러 쓴 볼펜자국을 보니 몇 번이고 망설였을 아내의 고심한 흔적이 여지없이 엿보입니다. 그 은유법 하나

없는 아내의 시 한 줄. 그렇지만 세상 어떤 名詩보다 제게 큰 울림을 줍니다.

한참을 아내의 가계부를 들여다보고 있는데 미처 갈무리 못한 것 때문일까요. 곤한 아내가 뒤척뒤척 입니다. 그러고 보니 지금 아내는 꿈속에서도 끙끙 시를 쓰나 봅니다.

그러고 보니 어느 날 아침녘에도 온몸을 다해 시를 쓰는 아내를 본 적이 있었습니다.

잠결에 바스락바스락 거리는 소리에 문틈으로 내다보니 이른 아침부터 끙끙- 아내가 쓰레기봉투 머리끄덩이를 잡고 씨름을 하고 있었습니다. 쓰레기봉투 금방이라도 목이 졸려 질식할 것만 같은데 아내는 인정사정 봐주지 않고 테이프로 꽁꽁 입막음까지 하였지요.

그렇게 아내의 손끝에서 펼쳐지는 그 신통한 요술을 넋 놓고 보면서 그때는 기껏 그 봉투 값이 얼마 길래 저리 청승인가 싶었습니다.

생각해보면 아내의 손끝에서 벌어지는 요술로, 그 시 한 줄로 저와 우리 아이들이 살고 있음을. 그래 내가 이만큼 사는 것임을 이제야 알 것 같습니다.

언제나 빠듯한 살림살이 원망 한 번 없이 오늘도 아내는 가족을 위해 끙끙 시를 쓰겠지요.

아내의 손끝에서 신묘하게 빚어지는 저 애틋한 시 한 줄로 내 노동이 반짝반짝 빛남을.

추신- 첫 시집을 세상에 내 놓을 수 있었던 건 오롯이 아내 덕분입니다.
또한 김명환·이한주 시인을 만나지 않았다면 오늘 이 시집은 없었음을.
하늘은 저에게 어린 시절 가장 소중한 사람 '어머니'를 떼어 놓은 게 맘에 걸렸나 봅니다.
그래서 분에 넘치는 아내와 김명환·이한주 시인을 동아줄처럼 저에게 내려 보내주셨으리라.

2013년 6월
오진엽